INVENTAIRE
V 29458

INVENTAIRE 29458

1770

amsterdam

Catalogue d'un très-beau cab

Catalogue de Tableaux
de M.
Herman Aarentz

11 Avril 1770.

Amsterdam
chez Pierre Yver

CATALOG
d'un très-beau
CABINET
DE
TABLEAUX

des meilleurs Maitres Flamands & Hollandois:
Le tout rassemblé avec beaucoup de goût, de soins &
de dépenses,

PAR MONSIEUR

HERMAN AARENTZ,

Ancien Sécretaire du Conseil de Guerre de Frise, Rece-
veur & Tribun, à Deventer.

La vente s'en fera à Amsterdam, le MERCREDI 11.
d'Avril 1770, chez ARNOLDUS DANKMEYER,
demeurant dans le OUDEZYDS-HEEREN-
LOGEMENT,

PAR LES COURRETIERS

HENRI DE WINTER

ET

JEAN YVER.

Ce Catalogue se trouve chez PIERRE YVER, & les
susdits COURRETIERS à Amsterdam, de même que dans
les principales Villes de l'Europe.

On pourra voir le tout deux Jours avant la Vente.

A AMSTERDAM,
Chez PIERRE YVER, Marchand de Tableaux,
de Desseins & d'Estampes.

AVERTISSEMENT.

La Vente commençera au Jour marqué, sçavoir; le Mercredi 11. d'Avril, le Matin à dix heures, & l'Après-Midi à trois heures sonnantes.

Les Achetteurs seront obligés, suivant la coutume, de payer de chaque Florin un Sol de droit d'adjudication, outre la somme entiere de ce qu'ils auront achetté, le tout en Ryders ou gros argent courant de ce Pays.

Les Tableaux ont été mesurés sans les bordures, sur le pied de Rhinland.

CATALOGUE

d'un très-beau

CABINET

DE

TABLEAUX.

REMBRANDT VAN RHYN.

No. 1. UNE DAME DEBOUT DANS UN PAYSAGE.

Peint sur toile en 1634, haut de quaranthuit, large de trenteneuf pouces.

Elle est vue un peu de profil, représentée de grandeur naturelle & en Bergere. C'est une jolie Brunette richement vétue, qui porte ses cheveux pendants, & dont la tête aussi bien que la houlette, qu'elle tient de la main droite, sont ornées de Fleurs; & de la main gauche elle releve un peu sa robe. Très-beau Tableau vigoureusement peint, terminé, & bien du meilleur tems de ce Maitre.

CATALOGUE

No. 2. UN PERSAN.

Peint sur bois, haut de vingtcinq, large de dixneuf pouces.

Il est suffisamment vu de profil, placé à la gauche, avec la tête couverte, & est vêtu de noir. Ce Tableau est de même que le précédent, très-beau, d'une touche large, & vigoureusement peint dans un ovale.

3. UN PENDANT, REPRESENTANT UNE DAME.

Peint sur bois, & de même hauteur & largeur que le précédent.

Elle est placée à la droite, coiffée en cheveux, & vêtue de rouge. Ce Buste est peint comme le précédent, & dans un ovale.

GERARD HONTHORST.

4. L'ENFANT PRODIGUE DANS UN LIEU DE DEBAUCHE.

Peint sur toile, haut de cinquantedeux, large de soixante & dixneuf pouces.

Il est assis à une Table avec deux Femmes de mauvaise vie, & devant cette table, où l'on voit quelques Fruits & du Vin, est assis un Homme qui

qui joue de la Basse de viole, & qu'ils accompagnent. C'est un très-beau Tableau vigoureusement peint & aussi bon qu'on en puisse voir de ce Maitre.

NB. Ce Tableau a été achetté par celui qui le possede, à la vente des meubles de feue Madame van Borselen, petite fille de G. Honthorst.

G. FLINK.

No. 5. SAINT JEAN L'EVANGELISTE.

Peint sur toile, haut de quarante & un, large de trente-cinq pouces.

On le voit assis, les yeux fixés vers le Ciel, & paroissant être en extase. De la main droite il tient une plume, il a la gauche élevée & un livre ouvert devant lui. Le Caractere de ce Saint Homme est admirablement exprimé. Très-beau Tableau tant pour le dessein que pour le coloris.

A. BLOEMAERT.

6. L'APOTRE SAINT PAUL.

Peint sur toile, haut de quarantesix, large de trente-sept pouces.

Il est assis devant une Table, écrivant dans un livre. Sa tête est admirablement caractérisée.

CATALOGUE

Beau Tableau bien deſſiné, vigoureuſement peint & d'une touche large.

JEAN LIEVENS.

No. 7.   UNE SAINTE FAMILLE.

Peint ſur toile, haut de quarantecinq, large de ſoixantedeux pouces.

A droite on voit la Ste. Vierge aſſiſe avec l'Enfant Jéſus ſur ſes genoux, qui joue avec le petit St. Jean aſſis à terre. Derriere elle eſt Joſeph tenant ſes deux mains appuyées ſur un bâton. De plus on apperçoit un Agneau couché, & au haut une Gloire d'Anges. Tableau vigoureuſement peint, d'un coloris chaud & d'un deſſein auſſi beau qu'on en puiſſe voir de ce Maitre.

B. VAN DER HELST.

8.   TABLEAU DE FAMILLE.

Peint ſur toile, haut de quarante, large de cinquante pouces.

A gauche ſur le devant, on voit aſſiſe dan un agréable Payſage ſous des arbres, une Dame vétue de noir, qui badine avec un Enfant habillé de jaune qu'elle tient ſur ſes genoux. Au milieu du Tableau eſt le Mari debout & vu preſque de face,

avec

avec la main droite fur le côté & la gauche devant lui, dans laquelle il tient fes gands. Dans le lointain une Riviere avec des Bateaux à la voile. Ce Morceau eft extrêmément beau, vigoureufement peint, très-terminé, & du meilleur tems de ce Maitre.

G. TER BORCH.

No. 9. PORTRAIT D'HOMME,

Peint fur toile, haut de vinghuit & demi, large de vingt pouces.

Il eft en pied, debout, & vêtu de velours noir, avec un manteau de foie fur les épaules, la tête couverte d'un chapeau, & fes gands dans fa main droite. Portrait délicatement peint, très-terminé & du meilleur tems de ce Maitre.

10. LE PORTRAIT DE CE MAITRE.

Peint fur toile, haut de vingtneuf, large de dixneuf & demi pouces.

Ce Peintre eft en pied, debout, & vêtu de noir. Portrait qui n'eft pas peint avec moins d'art que le précédent.

No. 11. PORTRAIT DE GERTRUDE MATTHYSEN SA FEMME.

Peint sur toile, de même hauteur & largeur que le précédent.

Cette Dame est de même, représentée en pied & debout, tenant un éventail à la main. Ce Portrait n'est pas moindre que le précédent.

12. LE CELEBRE & TRES-SAVANT BOURGUEMESTRE HOGERS.

Peint sur toile, haut de vingtneuf, large de vingttrois & demi pouces.

Il est vu en pied, debout, & vétu de velours noir, dans son Etude près d'une table couverte d'un tapis de velours rouge, sur laquelle est placé un pupitre avec un livre ouvert dessus. Trèsbeau Portrait terminé comme les précédens.

13. LA FEMME DE CE MAGISTRAT.

Peint sur toile, de même hauteur & largeur que le précédent.

Cette Dame est vue de même, en pied & debout près d'une Table, elle est coiffée en cheveux pendant en boucles & vétue de velours noir avec un juppon de satin brodé en or.

No. 14. CONCERT DE MUSIQUE D'UN CAVALIER & D'UNE DAME.

Peint fur bois, haut de vingt & un & demi, large de dix-sept & demi pouces.

La Dame eft vue par le dos, affife fur un tabouret & jouant de la Viole de Gambe. Elle eft vétue de rouge avec un beau juppon de fatin deffous, & vis-à-vis d'elle eft affis un Cavalier qui joue du Clavefin. Tableau très-bien peint.

NICOLAS DE HELDSTOCKADE.

15. UNE FEMME NUE.

Peint fur bois, haut de quinze, large de dix-neuf & demi pouces.

Elle eft couchée fur un fuperbe lit de repos fur lequel on voit une drapperie rouge & blanche. Dans le fond on apperçoit un rideau entre-ouvert, qui decouvre un Jardin. La Figure eft peinte avec beaucoup d'art, & les carnations en font admirables.

CATALOGUE
FRANCOIS HALS.

No. 16.   JOUEUR DE VIOLON.

Peint sur toile, haut de vingtcinq, large de vingt &
un pouces.

Il est vu a mi-corps devant une Table, sur laquelle est placé un livre de musique, il a l'air riant & est un peu tourné vers la gauche, tenant d'une main une pipe & de l'autre un Violon. Tableau d'une touche large, vigoureusement peint, & un des meilleurs de ce Maitre.

17.   TETE DE JEUNE HOMME.

Haut & large de douze pouces.

Elle est presque entierement vue de face & regardant le Ciel. Tableau d'une touche large, pas moindre que le précédent, & de forme ronde.

18.   TETE DE FILLE.

Haut de quatorze & demi, large de douze pouces.

On la voit de profil, & elle n'est pas moins bien peinte que la précédente.

F.

F. BOLL.

No. 19.   UN PORTRAIT DE FEMME.

Peint fur bois, haut de vingtfept & demi, large de vingttrois & demi pouces.

Elle eft vue à mi-corps, presque de face, & de grandeur naturelle, vétue de noir & portant une grande fraife au cou. Ce Morceau eft d'un beau coloris, tranfparant, & vigoureufement peint.

C. VAN HAARLEM.

20.   UN REPAS.

Peint en 1627 fur cuivre, haut de neuf & demi, large de quatorze pouces.

C'eft une Ordonnance de douze Figures, dont il y en a quelques unes d'aſſiſes à table, mangeant & buvant, & d'autres qui jouent. Petit Tableau très-bien peint, d'un coloris clair, & d'un beau deſſein.

21.   UNE BELLE TETE D'HOMME.

Peint fur bois, haut de neuf, large de fept pouces.

Elle eft vue un peu de profil, & son oreille de

même que la calotte qui la couvre, sont ornées de perles. Cette Tête n'est pas moindre que la précédente.

SOTTE KLEEF.

No. 22. PORTRAIT D'UNE DAME.

Peint sur bois en 1554, haut de neuf, large de cinq & demi pouces.

Cette Dame est vue de face & tenant ses mains l'une sur l'autre, dans l'une desquelles elle a un boucquet de fleurs. Ce Tableau est bien dessiné, délicatement peint & terminé.

P. DE HOOGE

23. VUE DE L'INTERIEUR D'UNE MAISON.

Peint sur toile, haut de vingt, large de vingt-cinq pouces

On voit à gauche sur le devant, une Femme près d'une Table, n'étoyer des boyeaux, dans le milieu un Cochon mort étendu sur une Echelle, & à droite un jeune Garçon qui joue avec une Vessie. De plus un petit Chien auprès d'un sçeau, & d'autres Accessoires. Tableau très-bien peint & imitant fort la nature.

G.

DE TABLEAUX.

G. NETSCHER.

No. 24. JUPITER SOUS LA FORME DE DIANE,
AUPRES DE CALISTO.

Peint fur toile & collé fur bois, haut de vingt, large de
dixfept pouces.

Ce Tableau, connu par l'Eftampe que *N. Verkolje* en a donnée, eft très-terminé & délicatement peint.

25. PORTRAIT D'UN JEUNE HOMME DE
QUINZE ANS.

Peint fur bois, haut de onze, large de neuf
pouces.

Il eft repréfenté jufqu'aux genoux, debout & presque de face. L'habit & le manteau qu'il porte font gris avec des boutons d'argent; & il tient de la main droite fon chapeau, & de la gauche fes gands. Tableau très-fini & délicatement peint.

26. PORTRAIT D'UN AUTRE JEUNE
HOMME DE DOUZE ANS.

C'eft un Pendant de même hauteur & largeur que
le précédent.

Ce jeune Homme eft auffi debout, & vêtu de même que le précédent, tenant fes gands dans fa main.

No. 27.

No. 27. LE PORTRAIT D'UNE DAME.

Peint fur toile, haut de dixhuit & demi, large de quinze pouces.

Elle eſt vue preſque de face, juſqu'aux genoux & aſſiſe, ſon bras droit repoſant ſur un couſſin de velours rouge garni d'une dentelle & de houſſes d'or. Portrait auſſi beau & auſſi bien peint que les précédens.

D. VAN WYNEN, *ſurnommé Aſcanius.*

28. UNE ALLEGORIE SUR LA PAIX.

Peint ſur bois, haut de vingt & un, large de vingt-quatre & demi pouces.

On voit la Paix qui répend ſes biens ſur la Ville d'Amſterdam & la Navigation, tandis qu'on enchaine le Dieu de la Guerre. Tableau d'un coloris clair & vigoureuſement peint.

NB. *Voyez le Catalogue de Hoet, Pag.* 221. *No.* 21.

G. DE LAIRESSE.

No. 29. UN SACRIFICE.

Peint fur toile, haut de cinquantequatre, large de trentehuit pouces.

On voit une jeune Fille devant un Autel, fur lequel elle offre des Rofes à Vénus. Près du Temple de la Déeffe & devant l'Autel, eft un Pannier de Rofes & d'autres Fleurs.

J. UYTEWAAL.

30. JUGEMENT DE MIDAS.

Peint fur toile & collé fur bois, haut de quarantecinq, large de cinquanteneuf pouces.

C'eft une très-belle Ordonnance de neuf Figures dans un Payfage. On voit Midas au milieu du Tableau, avec Pan à fa droite, qui joue de la flûte, & Apollon debout devant lui, qui joue de la harpe. Très-beau Morceau d'un deffein très-correct, & d'un coloris vigoureux.

31. L'ADORATION DES BERGERS.

Peint fur bois, haut de dixfept & demi, large de treize pouces.

On voit au milieu du Tableau, l'Enfant Jéfus

couché dans une Creche, la S. Vierge à genoux devant la Creche, & au haut un Ange. De plus quelques autres Anges outre les Bergers. Les Figures font très-gracieuses & auſſi bien deſſinées qu'on en ait jamais vu de de ce Maitre.

J. M. MOLENAAR.

No. 32. DES PAYSANS QUI FUMENT & BOIVENT.

Peint ſur bois, haut de vingtcinq, large de trente & un pouces.

C'eſt une Ordonnance de treize Figures, tant aſſiſes que debout, au milieu d'une Chambre & autour d'une table, avec divers Acceſſoires. Ce Tableau peut être conſidéré comme un des meilleurs de ce Maitre.

L. KAMPHUIZEN.

33. DEHORS DE MAISON DE PAYSANS.

Peint ſur bois, haut de dixneuf & demi, large de vingtſix & demi pouces.

Devant la maiſon eſt aſſiſe une Femme qui donne le ſein à ſon Enfant, auprès d'elle deux petites Filles debout, & un jeune Garçon avec un petit pannier. De plus, on voit une Vache, des Poules,

les, & quelques accessoires. Tableau vigoureusement peint & imitant fort la nature.

ADRIEN VAN OSTADE.

No. 34. PAYSANT QUI FUMME & QUI BOIT.

Peint sur bois, haut de onze, large de neuf & demi pouces.

Il est vu de profil, assis sur un Barril devant une Table, & tenant un Verre de bierre dans sa main droite. Près de lui sur la Table, sont une pipe & un papier de tabac. Ce petit Tableau est extrémement beau & d'une touche très-spirituelle.

ISAAC VAN OSTADE.

35. INTERIEUR D'UNE BARAQUE DE PAYSANT.

Peint sur bois, haut de sept, large de cinq & demi pouces.

On y voit trois Paysans, dont deux debout & un assis, qui jouent au Trictrac. Joli Tableau où l'effet de la lumiere est très-naturellement représenté.

C. DUSART.

No. 36. PAYSANT & PAYSANNE FAISANT COLLATION.

Peint sur bois, haut de neuf, large de sept pouces.

Ils sont assis devant une Table, où l'on voit des Gauffres sur une serviette; & la Paysanne tient d'une main une Cruche & de l'autre un Verre de vin rouge. C'est un très-joli Tableau peint avec beaucoup d'esprit & terminé.

D. VAN TOL.

37. FEMME QUI PELLE DES POMMES.

Peint sur bois, haut de dixsept, large de quatorze & demi pouces.

On voit dans ce Tableau, une Femme d'une agréable figure, assise près d'une Cheminée & occuppée à peller des pommes. A côté d'elle est un lit, & derriere elle une Table couverte d'un tapis, sur laquelle on voit une Cruche, un Pannier avec du pain, & une Serviette sur une assiette. Sur le devant on apperçoit un Chaudron de cuivre & une Passoire. Le Peintre à choisi le jour le plus a-
van-

vantageux pour éclairer & faire paroitre davantage l'objet principal de son Tableau. Tout y est ordonné avec autant d'esprit, & aussi terminé que s'il étoit de *Douw*.

P. WYNTRACK.

No. 38.   INTERIEUR DE MAISON DE PAYSANS.

Haut de vingttrois & demi, large de trentedeux pouces.

A gauche on voit sur le devant, un Puis, sur le rebord duquel est couché un Merlus. On apperçoit de plus un Chaudron de cuivre, une Cruche, des Pots, des Poëllons, Cuvettes & autres utenciles de Paysans, & au fond de l'appartement une Femme de profil, & deux Paysans assis auprès du feu. Tableau vigoureusement peint, terminé, & frappant par rapport au jour qui vient de côté par une fenêtre.

PIERRE QUAST.

No. 39.   BARBIER DE VILLAGE.

Peint fur bois, haut de quinze, large de vingt pouces.

On lui voit faire une operation à la jambe d'un Homme qui a derriere lui un Vieillard tenant une petite bouteille de liqueur. De plus deux Hommes dont l'un debout & l'autre affis. A gauche fur une Table, font placés un Urinal, un Pot d'onguent, &c. Les manieres & l'air des Payfans font répréfentés avec beaucoup d'esprit dans ce Tableau, qui eft très-bien peint.

PIERRE VEEN,

Disciple du Chevalier van der Werff.

40.   MOYSE SAUVÉ.

Peint fur bois, haut de dixneuf, large de quinze pouces.

La Scene du Tableau repréfente un Payfage d'Egypte où l'on voit fur le devant, une Esclave à genoux qui préfente à la Fille de Pharaon le petit Moyfe qu'elle tient fur fes mains. La Princeffe eft accompagnée de fes Femmes qui la fuivent.

Ce

Ce Morceau d'une riche Ordonnance de dix Figures, est à tous égards, fort beau, délicatement peint, & terminé; & on le tient pour être le meilleur de ce Maitre.

No. 41.   LA CANANEENNE.

Peint sur bois, & de même hauteur & largeur que le précédent.

La Scène représente un très-beau Paysage où l'on voit notre Seigneur debout avec ses Disciples, & devant lui à droite, la Cananéenne à genoux, qui le prie de vouloir guérir sa fille. Dans le lointain on aperçoit de hautes montagnes & des Bâtimens antiques. Ce Tableau n'est pas moindre que le précédent dont il est le Pendant.

42.   VENUS & L'AMOUR.

Peint sur bois, haut de dixneuf, large de quinze pouces.

Cette Déesse est représentée au milieu d'un agréable Paysage, assise devant le Tombeau d'Adonis avec le bras gauche appuyé sur un Mausolée de marbre, orné d'un basrelief & ruiné. Elle tient la flêche de Cupidon qui est à genoux sur le devant à la droite, & qui supplie sa Mere de la lui rendre. Dans le lointain on voit deux Cignes nager, des hautes montagnes & des arbres. Ce Tableau n'eſt pas moindre que les précédens.

EGLON VAN DER NEER.

No. 43.   UNE DAME QUI SE LAVE LES MAINS.

Peint ſur bois, haut de quatorze & demi, large de douze pouces.

Elle eſt vue dans ſa Chambre, debout & presque de face, richement vétue & ſe lavant les mains dans le plat d'une Aiguiere que tient un Page qui lui verſe de l'eau. A côté d'elle eſt un Chaiſel, ſur laquelle on apperçoit une Manteline de velours rouge fourrée, & derriere elle un lit. Tableau très-délicatement peint, & à tous égards auſſi beau qu'on en ait jamais vu de ce Maitre.

VERBIUS.

44.   UN SUJET GALAND.

Haut de dixhuit, large de quinze pouces.

On voit dans une Chambre, une Dame debout vétue de ſatin blanc, tenant d'une main une lettre, & ayant l'autre appuyée ſur le dos d'une Chaiſe ſur laquelle eſt aſſis un Cavalier qui l'embraſſe
amou-

amoureusement du bras droit, & tient de la main gauche un Verre de vin. De plus encore quelques Figures & d'autres accessoires. Tableau d'un beau dessein, terminé, délicatement peint, & où le satin de la robe de la Dame est parfaitement imité.

J. VAN STAVEREN,

Disciple de Douw.

No. 45.   UN HERMITE.

Peint sur bois, haut de quinze, large de douze pouces.

Il est vu debout à la gauche du Tableau, devant une bute, ayant le corps un peu penché en avant, les mains jointes & un livre ouvert devant lui. Le tout terminé, d'une belle fonte de couleurs & bien peint.

46.   FEMME HERMITE.

Peint aussi sur bois, & de même hauteur & largeur que le précédent.

Elle est vue debout à la droite du Tableau, devant un livre ouvert, avec les mains jointes & élevées. Ce Morceau qui est un Pendant du précédent n'est pas moindre.

M. VAN BLEEK.

No. 47.   UN CONCERT DE MUSIQUE.

Peint fur bois en 1635, haut de douze, large de quatorze pouces.

On voit ici deux Perfonnes, dont l'une chante & l'autre joue de la Baffe de viole près d'une Table fur laquelle on apperçoit deux livres de mufique ouverts, & un luth. Tableau d'un coloris agréable, vigoureufement & bien peint.

PIERRE SAENREDAM.

48.   L'EGLISE DU VILLAGE DE LEERDAM.

Peint fur bois, haut de dixneuf & demi, large de vingthuit & demi pouces.

Elle eft vue intérieurement & ornée de trois Figures. Tableau d'une belle perfpective & clair.

B.

DE TABLEAUX.

B. VAN BASSEN.

No. 49. VUE DE L'INTERIEUR D'UNE EGLISE.

Peint fur bois, haut de treize, large de dixneuf pouces.

Elle eft d'une belle architecture décorée d'Autels & d'autres Ornemens, & très-ornée de Figures. Tableau terminé & peint avec art.

C. POELENBURG.

50. LA S. VIERGE DANS UNE GLOIRE.

Peint fur bois, haut de onze & demi, large de quinze pouces.

Elle eft affife fur les nuées, & accompagnée d'Anges. Tableau très-terminé.

D. VERTANGEN.

51. UN PAYSAGE.

Peint fur bois, haut de onze, large de treize & demi pouces.

Il eft orné de Nymphes qui danfent, & plus loin fur une hauteur, ou voit les Héliades changées en peupliers. Tableau d'un très-beau deffein, bien peint & terminé, qui ne le cede en rien à ceux de *Poelenburg*.

B 4   JEAN

CATALOGUE

JEAN VAN HAANSBERGEN.

No. 52.   UN PAYSAGE.

Peint fur bois, haut de onze & demi, large de feize pouces.

On voit ici des Nymphes qui fe beignent & d'autres qui fortent du bain. De plus un lointain agréable avec de hautes montagnes & d'anciennes Ruines. Tableau délicatement peint, d'un coloris chaud, terminé, & auffi bon que de *Poelenburg*.

PHILIPPE WOUWERMAN.

53.   UN RETOUR DE CHASSE.

Peint fur toile & collé fur bois, haut de vingtquatre, large de trente & un pouces.

Le Fond du Tableau eft un Payfage agréable, fur le devant duquel & à gauche, on voit deux Cavaliers & une Dame à cheval, & à droite des Chaffeurs à cheval dans l'eau. Sur un fecond plan on apperçoit à droite un Bâtiment & un haut Pont, & de plus un lointain fpacieux & agréable.

No. 54.

No. 54. HALTE DE CHASSEURS.

Peint fur toile & collé fur bois, & de même hauteur
& largeur que le précédent.

A gauche fur le devant du Tableau, on voit devant une Auberge, une Dame à cheval avec l'Oifeau fur le poing, & accompagnée de Cavaliers à cheval & à pied. Le fond eft un Payfage entrecoupé d'une Riviere, avec un lointain montagneux. Morceau terminé & agréablement peint.

JEAN WOUWERMAN.

55. VUE DE DUNES.

Peint fur bois, haut de vingtdeux, large de vingt-huit & demi pouces.

C'eft un très-beau Tableau de ce Maitre, orné d'Arbres, de Barraques de Payfans, d'une Grange à foin, d'un Homme à cheval, & d'autres Ornemens. Il eft clair & agréablement peint.

N. BERCHEM.

No. 56. PAYSAGE VU AU LEVER DE
L'AURORE.

Peint fur toile & collé fur bois, haut de dixneuf, large de vingttetois & demi pouces.

C'eſt un Payſage montagneux avec beaucoup d'arbres, & richement orné ſur le devant, de Vaches couchées & debout, de Moutons & d'un Chien. A gauche ſur un ſecond plan, on voit un Berger tenant une flûte, accompagné de deux Femmes, dont une boit du lait dans un bacquet de bois, & dans le lointain de hautes montagnes. Tableau touché avec beaucoup d'esprit, & très-bien peint.

C. DU JARDIN.

57. LES JOUEURS D'HALAMOURE.

Peint fur bois, haut de vingt, large de ſeize pouces.

Sur le devant de ce Tableau, on voit deux Hommes aſſis l'un vis-à-vis de l'autre, & jouant à l'Halamoure, auprès desquels un Homme debout avec un manteau gris ſur ſes épaules (c'eſt C. *du Jar-*
din

din lui même, vu de face,) qui les regarde jouer avec beaucoup d'attention. A côté un Homme de face, monté sur un cheval blanc, & un autre Homme couché qui badine avec un Chien, près duquel un autre Chien couché. Le fond est un Payſage d'Italie orné de hautes montagnes & de fabriques. Morceau exquis, transparant, où les reflets du ſoleil font un très-bel effet, & qui peut être conſideré comme un des meilleurs de ce Maitre.

No. 58.   UN VIEUX CHEVAL PIE.

Haut de treize, large de onze pouces.

Le fond du Tableau eſt un Payſage au milieu duquel on voit ce Cheval debout, devant lui un Garçon debout & un autre couché, derriere eux ſont des Anes couchés, & un Mouton devant une haye épaiſſe, derriere laquelle on voit des Fabriques. Morceau pas moindre que le précedent.

ADAM

ADAM PYNACKER.

No. 59. VUE DE LA VILLE DE SCHIEDAM.

Peint fur toile, haut de vingt & un, large de dixhuit pouces.

Sur le devant on voit une Chaloupe, auprès de laquelle quelques Figures, & fur un fecond plan un double Pontlevis, avec diverfes perfonnes auprès. Dans le lointain quelques Bateaux & maifons. Tableau d'un coloris chaud & d'une touche ferme.

60. LES BUCHERONS.

Peint fur toile, haut de vingtfix & demi, large de vingtquatre pouces.

C'eft une très-belle & agréable vue d'un Bois, entrecouppé d'une riviere. Au bord du Tableau, on voit un Homme occuppé à charger de bois, un Ane, & d'autres à lier des Fagots. La reverberation des arbres dans l'eau, eft très-bien exécutée, & tout le refte eft vigoureufement peint.

No. 61. UN PAYSAGE MONTAGNEUX.

Peint sur toile, haut de quatorze, large de seize pouces.

Dans ce Tableau on voit se former un Orage, & à gauche sur le devant, paroit un Ruisseau où deux Vaches suivies par un Berger avec son Chien, se précipitent par la frayeur que leur cause le mauvais tems. A droite on apperçoit de grands arbres, & dans le lointain de hautes montagnes. Morceau d'un très-bel effet & qui n'est pas moindre que le précédent.

62. UN PAYSAGE D'ITALIE.

Peint sur bois, haut de seize, large de vingt & un & demi pouces.

On y voit une Ruïne, où des Restes d'un Temple, & ce Paysage est orné de diverses Figures & de hautes montagnes. Ce Tableau est d'une grande expression, & représente un tems serein.

No. 63.

No. 63.   AUTRE PAYSAGE D'ITALIE.

Peint fur bois, haut de dix, large de huit pouces.

A droite on voit une Ruine, & fur le devant, des Vaches, des Moutons & un Berger, derriere lesquels un Portique orné de Statues; de plus des Cyprés & d'auttes arbres. Tableau très-bien peint & où les reflets du foleil font très-naturellement représentés.

64.   UN AGREABLE PAYSAGE.

Peint fur toile & collé fur bois, haut de treize & demi, large de dixhuit pouces.

A droite fur le devant, on voit une Vache boire, & dans le lointain des Beftiaux qu'un Payfant chaffe devant lui. Très-beau Tableau, imitant bien la nature, & qui n'eft pas moindre que le précédent.

65.   FUITE EN EGYPTE.

Peint fur cuivre, haut de fept, large de huit & demi pouces.

On voit fur le devant & à la droite de ce Tableau, qui repréfente un agréable Payfage, la S. Vier-

DE TABLEAUX.

Vierge assise sur un Ane & tenant l'Enfant Jésus devant elle, & S. Joseph marchant à côté d'eux. Morceau très-terminé.

H. DE GOJER.

No. 66.   UN TEMPLE DE DIANE.

Peint sur cuivre en 1617, haut de six, large de huit & demi pouces.

Le fond du Tableau est un beau Paysage, sur le devant duquel on voit à droite, un Moine lire, & à gauche une Femme qui conduit une Vache attachée à une corde; de plus quelques autres Animaux. Morceau peint avec art, vigoureusement & terminé.

NB. *Il est vraisemblable que de Gojer, qui probablement est mort à Rome, y a fait présent de ce petit Tableau à Pynacker, qui a peint la Fuite en Egypte No. 65. pour lui servir de Pendant.*

CATALOGUE

ALDERT VAN EVERDINGEN.

No. 67. VUE D'UN BOIS.

Haut de vingtcinq, large de vingtdeux pouces.

On voit dans une des allées de ce Bois, un Homme courrir avec fon Chien, & au bout de l'allée un Homme à cheval. Ce Tableau pour ce qui concerne l'imitation de la nature, les arbres, la perfpective, & les endroits éclairés par le foleil, eft auffi beau, & peint avec autant d'art, qu'on en puiffe voir de ce Maitre.

68. UN PAYSAGE.

Peint fur bois, haut de trente, large de vingt-six pouces.

C'eft un Payfage montagneux orné, où l'on voit des Chûtes d'eau. Tableau vigoureufement peint & imitant bien la nature.

JACOB RUYSDAAL.

69. VUE DE BOIS & DE RIVIERE.

Peint fur bois en 1658, haut de dixneuf & demi, large de quarantedeux pouces.

A gauche on voit des Vaches qui fe tiennent dans

dans l'eau, & un Bateau où font des Payfans; & de plus dans le Bois, qui eft très-naturellement repréfenté, un Berger avec des Animaux. Tableau peint avec art & vigoureufement.

No. 70.   UN PAYSAGE AVEC DES DUNES.

Peint fur bois, haut de feize, large de vingttrois & demi pouces.

Ce Payfage eft très-orné de Figures, & on voit la Ville de *Haarlem* dans le lointain. Tableau pas moindre que le précédent.

71.   UN PAYSAGE.

Peint fur toile, haut de quatorze & demi, large de douze & demi pouces.

Il eft orné de Chûtes d'eau & de hautes montagnes, bien peint & touché avec esprit.

CORNEILLE DEKKER.

72.   UN PAYSAGE.

Peint en 1667, haut de quatorze & demi, large de douze & demi pouces.

Sur le devant on voit une Riviere avec deux Payfans dans un Bateau, & dans le lointain, des Figures, des Beftiaux & de beaux arbres.

SALOMON RUYSDAAL.

No 73. AUTRE PAYSAGE.

Peint sur bois en 1647, haut de vingtneuf & demi, large de quarantedeux & demi pouces.

A gauche sur le devant, on voit de très-beaux arbres & quelques Animaux, & sur un second plan, représentant le chemin de *Scheveninge*, on découvre le Prince MAURICE dans un Carosse attelé de six chevaux, & allant à la Haye, suivi d'un autre Carosse où sont des personnes de sa suite. Dans le lointain on voit la Haye. On peut dire de ce Tableau qu'à tous égards, la nature y est très-bien imitée.

A. VAN DER NEER.

74. UN CLAIR DE LUNE.

Peint sur toile, haut de vingt & un, large de vingtneuf pouces.

Le fond du Tableau est un très-beau Paysage avec Riviere, naturellement orné, & vu de nuit, au clair de la lune. Sur l'eau on apperçoit divers Bateaux, & à gauche dans les terres, un beau Village. Ce Morceau vigoureusement peint & termiminé, peut être dit un des meilleurs de ce Maitre.

No. 75. VUE D'UN HIVER.

Peint fur toile, haut de vingt & un, large de vingtneuf pouces.

Le devant de ce Tableau & la Riviere prife de glace, font richement ornés de Figures, dont quelques unes fe divertiffent à jouer à la croffe, & d'autres à glifser fur des patins. De l'autre côté de la glace on voit un gros Bourg, & de plus un beau lointain. Ce Morceau où tout eft naturellement reprefenté, ne vaut pas moins que le précedent.

JEAN LINGELBACH.

76. VUE D'ITALIE.

Peint fur toile, haut de trentedeux, large de vingt huit pouces.

Sur le devant de ce Tableau on voit de gens qui nagent, d'autres nuds, & d'autres qui ne font pas encore deshabillés. A gauche on en apperçoit qui joüent aux cartes. Derriere eux un Homme monté fur un cheval gris, conduifant à la main, un cheval brun attaché à une corde, & paroiſſant avoir deſſein de les mener à l'abreuvoir, qui eſt à gauche. Morceau tranſparant, vigoureuſement peint, & qui toujours pourra être regardé comme un des meilleurs de ce Maitre.

JEAN HAKKERT.

No. 77.   VUE. D'UNE FORRET.

Peint ſur toile, haut de quarantetrois, large de cinquantequatre pouces.

On voit dans ce Tableau auſſi beau qu'imitant bien la nature, & orné par *Lingelbach*, des Voleurs de grand chemin qui attaquent des voiageurs. A gauche une Riviere, au delà de laquelle on apperçoit de hautes montagnes dans le lointain. On peut dire avec vérité, que ce Morceau eſt un des plus beaux de ce Maitre.

VERBOOM.

No. 78.   PAYSAGE AGREABLE & MON-
               TAGNEUX.

Peint fur toile, haut de dixneuf, large de vingtcinq pouces.

A gauche fur le devant, on voit dans un beau jour d'été, un Homme & une Femme affis qui fe repofent, devant lesquels deux Mulets chargés qui ont chacun fur croupe un Payfant, & à côte de ces Mulets un autre Payfant allant à pied. De plus, un Homme & une Femme qui fe promennent. Ce Tableau orné par *Lingelbach* eft chaut, & imitant bien la nature.

J. HUCHTENBURG.

79.   AGREABLE PAYSAGE D'ITALIE.

Peint fur bois, haut de treize & demi, large de
feize & demi pouces.

On voit à droite fur le devant, une Fontaine, devant laquelle un Groupe de diverfes Figures, Chevaux, Anes, Chiens couchés & debout, de fuperbes Bâtimens, de hautes montagnes, & d'au
tres

tres Ornemens. Tableau admirable pour l'entente du clair obscur, & représentant un beau jour d'été.

NB. *Il vient de la Maison de la Fille de Pynacker.*

DE HEUS.

No. 80. VUE DU COLISEE PRES DE ROME.

Peint sur toile, haut de trentequatre, large de vingtsept pouces.

A droite sur le devant, on voit deux Mulets chargés, auprès de l'un desquels, marche un Homme, & sur l'autre un Homme est monté. Au milieu paroit une Femme sur un cheval blanc, laquelle tient un parasol, & est suivie d'un Paysant. De plus on apperçoit encore un Homme à cheval & d'autres Figures, & dans le lointain le Tibre avec des Bateaux. Très-beau Tableau, chaud & représentant un beau jour d'été.

No. 81. PAYSAGE AVEC DE HAUTES MONTAGNES.

Peint sur bois, haut de neuf, large de douze pouces.

Sur le devant on voit trois Bœufs, & un Homme assis sur une bute. De plus un agréable lointain. Tableau bien orné, d'un coloris chaud, & bien peint.

B. GAAL.

82. MARECHAL QUI FERRE UN CHEVAL.

Peint sur bois, haut de seize & demi, large de vingt & un pouces.

On voit au milieu du Tableau ferrer un Cheval blanc tout sellé, de côté & sur le devant un Cavalier & une Dame debouts avec un Chien couché, & divers Accessoires. Morceau très-bien peint & aussi beau que s'il étoit de *Wouverman*.

P. DE LAAR, *surnommé Bamboche.*

No. 83. VUE EN ITALIE.

Peint fur bois, haut de vingt & un & demi, large de feize & demi pouces.

Sur le devant une Fontaine où l'on voit boire un Homme & un Chien, & devant la Fontaine deux Figures. Sur le fecond plan on apperçoit au travers d'un Portique, une Femme & des Fabriques. Tableau touché avec esprit.

J. H. ROOS.

84. PAYSAGE AVEC ROCHERS.

Haut de dixhuit, large de vingt & un & demi pouces.

A droite du Tableau on voit auprès d'une Fontaine, un Berger à genoux qui boit dans fon chapeau, & au milieu une Vache blanche avec fon Veau. De plus un Bouc couché, des Moutons, & un Bellier. Morceau très-bien peint.

M. DE HONDEKOETER.

No. 85.   UNE VUE DE JARDIN.

Haut de onze & demi, large de quinze pouces.

Ce petit Tableau repréfente un Cocq debout, des Poules, des Pouſſins, & deux Pigeons qui ſe tiennent ſur une pierre. Il eſt vigoureuſement peint & touché avec eſprit.

F. MOUCHERON.

86.   PAYSAGE MONTAGNEUX.

Peint ſur toile, haut de quarante, large de trente-cinq pouces.

On voit à gauche de ce Tableau, de grands Arbres & des Montagnes, il eſt bien orné, & a un lointain agréable & ſpacieux. Morceau d'un coloris chaut & bien-peint.

H. SWANEVELT.

No. 87.   UN BEAU PAYSAGE.

Peint sur toile, haut de trentesept, large de quarantesept pouces.

C'est un beau & superbe Paysage avec un agréable lointain, sur le devant duquel on apperçoit des Nymphes & des Satyres qui se divertissent. Il est vu dans un jour calme & serein, & peint vigoureusement.

H. ZAFTLEVEN.

88.   DEUX PETITS PAYSAGES.

Peint sur bois, haut de quatre & demi, large de six pouces.

Ce sont deux Vues du Rhin, très-bien ornées, délicatement peintes, & terminées.

G. J. PALTHE.

No. 89. SUJET VU A LA LUMIERE DE LA CHANDELLE.

Peint sur bois, haut de vingt, large de seize pouces.

Cette Femme est environ vue de face, tenant un Enfant sur ses genoux, & de la main droite une Chandelle allumée. Sur une Table placée à côté d'elle, paroit un Chandelier plat, une Ecuelle à bouillie, &c. Très-joli Tableau & terminé.

90. AUTRE SEMBLABLE, OU PENDANT.

Peint sur bois, & de même hauteur & largeur que le précédent.

On voit à la gauche de ce Tableau, une vieille Dame qui dort. Elle est vétue d'une Mantelme de velours violet, bordée de fourrure, avec une juppe blanche de soie, dessous, & a le bras droit appuyé sur une Table, où l'on apperçoit une Chandelle allumée, une Caraffe & un Verre à vin. A côté d'elle est assise une Fille occuppée à coudre, & derriere elle une autre Fille auprès du feu, qui met un Charbon dans une terrine. Morceau à tous égards terminé, & qui ne le cede en rien au précédent.

No. 91.

No. 91.   AUTRE, SEMBLABLE.

Haut de treize, large de onze pouces.

Au milieu de ce Tableau paroit un jeune Garçon vu de face & debout, jusqu'aux genoux, tenant de la main gauche & presque devant lui, une Chandelle allumée, au deſſus de laquelle il a la main droite. Derriere lui paroit un autre joli petit Garçon qui ſaiſit brusquement le premier par le bras gauche. L'effet de la lumiere de la Chandelle eſt très-naturellement repréſenté comme dans le précédent.

92.   AUTRE, SEMBLABLE.

Peint ſur bois, & de même hauteur & largeur que le précédent.

On voit ici un jeune Garçon aſſis & dormant près d'une Table, avec la tête appuyée ſur ſa main. ſur cette Table on apperçoit une Chandelle allumée, une Bouteille & un Verre. Derriere lui, eſt un autre jeune Garçon qui tient un bout de ruban brulant, qu'il paroit lui vouloir mettre ſous le nez.

TOBIE QUERFURT.

No. 93. HOMME A CHEVAL DANS UN PAYSAGE.

Peint sur bois, haut de dixneuf & demi, large de quinze pouces.

Il est vu de profil, & fait aller au pas son Cheval qui est pommelé avec des crins blancs. Ce Tableau peint d'après nature, & qui est un Portrait du Cavalier & de son Cheval, est très-beau & terminé, & peut-être regardé comme le meilleur Morceau de ce Maitre.

94. UNE RENCONTRE.

Peint sur toile, haut de dixneuf, large de vingtquatre pouces.

C'est un Combat entre de la Cavalerie Alemande & de la Cavalerie Turcque. Tableau vigoureusement & bien peint.

95. AUTRE SEMBLABLE, OU PENDANT.

Peint sur toile, & de même hauteur & largeur que le précédent.

Combat au sujet de l'attaque d'une Ville de Hongrie. Tableau aussi bon que le précédent.

No. 96.

CATALOGUE

No. 96. UN CHEVAL BLANC.

Peint fur bois, haut de onze & demi, large de quatorze & demi pouces.

On le voit paitre dans une prairie, ayant auprès de lui deux Moutons couchés. De plus, deux petits Garçons qui tiennent un Nid d'Oiseau.

97. FEMME A CHEVAL, OU PENDANT.

De même hauteur & largeur que le précédent.

Cette Femme porte au bras un pannier de fleurs. De plus, on voit un Chien, & un jeune Garçon qui prend de l'eau d'une Fontaine. Morceau aussi bon que le précédent.

P. MANKENDAM.

98. PAYSAGE D'ITALIE MONTAGNEUX.

Peint fur bois, haut de vingttrois, large de vingthuit pouces.

Ce Tableau est richement orné sur le devant & sur un second plan de Figures & d'Animaux. Dans le lointain de hautes montagnes. Il est vigoureusement peint & touché avec esprit.

No. 99.

No. 99. AUTRE PAYSAGE SEMBLABLE.

Peint fur bois, haut de douze & demi, large de dixhuit pouces.

On y voit fur une hauteur, beaucoup de Boucs & de Chevres, de même que deux Bergers dont l'un de deſſus la hauteur, ſemble parler à l'autre qui eſt en bas. Ce Tableau eſt peint avec beaucoup d'art & n'eſt pas moindre que le précédent.

100. UN PAYSAGE.

Peint fur bois, haut de vingtſept, large de vingt & un pouces.

On voit fur le devant de ce Tableau, une Eau calme & deux Pêcheurs dans un Bateau; vis-à-vis & de l'Eau on apperçoit de grands arbres. Il égale en bonté les précédens.

FOLKERT DE BOCK.

101. UNE RENCONTRE.

Peint fur bois, haut de ſeize, large de douze pouces.

Sur le devant on voit un Officier de Cavalerie & dans le lointain un Château; & tout eſt en feu & en ac-

action. Les Figures & les Chevaux sont d'un beau dessein.

⊃C.

No. 102. DEUX PAYSAGES MONTAGNEUX D'ITALIE.

Peint sur cuivre, haut de sept & demi, large de huit & demi pouces.

L'un est richement orné de Ruines & de Bâtimens, avec divers Animaux; & l'autre de hautes Montagnes avec des Animaux & un Berger assis. Tableaux de forme ovale, touchés avec esprit & terminés.

A. KIERINX.

103. DEUX PETITS PAYSAGES.

Peint sur cuivre, haut de trois & un quart, large de quatre & trois quarts pouces.

Ils sont l'un & l'autre, très-bien ornés, touchés avec esprit & terminés.

C. DE HOOCH.

No. 104. DEUX PETITS PAYSAGES.

Peint fur bois, haut de quatre, large de fix & demi pouces.

Ils font ornés de Bâtimens, & peints avec esprit.

L. KOLLER.

105. PAYSAGE MONTAGNEUX.

Haut de onze, large de quinze pouces.

On voit ici un Riviere & une Nappe d'eau, & fur le devant un Homme monté fur un Ane, & un autre qui va à pied. Ce Tableau eft de plus, richement orné d'arbres & de hautes montagnes, & délicatement deffiné avec des couleurs.

CATALOGUE

LUDOLFE BACHUIZEN.

No. 106. UNE MER AGITEE.

Peint fur bois, haut de douze, large de dixfept pouces.

On voit ici divers Navires & autres Vaiffeaux. Tableau clair & peint dans le meilleur tems de ce Maitre.

R. ZEEMAN.

107. UN CALME.

Peint fur toile & collé fur bois, haut de dixhuit, large de trentedeux pouces.

A gauche, environ fur le devant du Tableau, on voit deux gros Vaiffeaux, dont l'un eft vu par devant & en racourci, & l'autre par le côté; à droite des Matelots dans un Esquif, & dans l'éloignement des Bateaux à la voile. Morceau très-bien peint, & auffi bon que s'il étoit de G. *van de Velde*.

J.

J. STORK.

No. 108.   VUE DU RHIN & DE TERRE.

Peint fur toile, haut de vingtquatre, large de trente-
trois pouces.

A gauche fur le devant, on voit deux Chevaux blancs conduits par un Homme, qui tirent
un Bateau, & de plus d'autres Bateaux qui vont
à la voile. A gauche fur un fecond plan, on apperçoit un Château & d'autres Fabriques fur une hauteur. Tableau clair, terminé, & du meilleur tems
de ce Maitre.

109.   VUE DE LA MEUSE.

Peint fur toile, & de même hauteur & largeur que le
précédent.

Cette Riviere eft ornée de Navires & de Bateaux. A droite on voit fur une hauteur ou digue,
quelques maifons, & au bas de cette digue un
Caroffe attellé. Tableau richement orné de Figures, qui eft un Pendant du précédent, & pas
moindre.

P. VAN DE VELDE, *pere de Guillaume.*

No. 110.   UNE MARINE.

Haut de quinze & demi, large de treize pouces.

Elle est ornée de Vaisseaux de guerre & d'autres Vaisseaux. Dans le lointain on voit un Village. Tableau imitant fort-bien la nature.

A. VAN BEERESTRAATEN.

111.   UNE MARINE.

Peint sur bois, haut de vingt & un, large de vingt-sept pouces.

Ce Tableau est orné de Bateaux marchands & d'autres Navires à la voile. Dans le lointain on voit une Ville. Morceau vigoureusement & bien peint.

PAUL BRIL.

112.   VUE DE TERRE & D'EAU.

Peint sur bois, haut de vingt & un, large de vingtsix pouces.

A gauche du Tableau on voit de hautes montagnes & de grands arbres, & sur divers plans des

des Chariots, des Chevaux & des Figures; à droite quelques Bateaux, &c. Morceau très-bien & vigoureusement peint.

J. VAN GOOJEN.

No. 113.   VUE D'UN VILLAGE.

Peint sur cuivre, haut de cinq & demi, large de onze & demi pouces.

A gauche & derriere des maisons, on voit un grand orage accompagné d'éclairs, & sur le devant un Paysant qui semble en être effrayé. A droite dans le lointain de delà l'eau, on apperçoit, un Village. Tableau extremément fini & imitant fort la nature.

SNYDERS.

114.   UNE AIGLE & UNE OYE.

Peint sur toile, haut de septantecinq & demi, large de soixante & demi pouces.

On voit dans ce Tableau une Aigle avec ses ailes éployées, qui tient sous ses griffes une Oye, & dans son bec le gezier de cet Oiseau. Morceau vigoureusement peint, & de main de Maitre.

A. VAN UTRECHT.

No. 115. PAYSAGE AUX CANARDS.

Peint fur bois, haut de douze & demi, large de dixfept & demi pouces.

On voit quatre Canards dans un Payfage. Tableau très-bien peint & terminé.

A. BOONE.

116. DES FRUITS.

Peint fur toile, haut de vingt & un & demi, large de dixfept pouces.

On voit dans ce Tableau, fur une Table de de marbre, des Pêches, des Abricots & des Raifins dans une Corbeille, & fur le Table des Avelines. Très-beau Morceau, transparant, chaud & imitant bien la nature.

NB. *C'eft peut être le feul Morceau dans ce genre, qui fe trouve de ce Peintre, car l'on fait que c'a été uniquement par plaifir & pour en faire préfent à un de fes Amis, qu'il l'a peint.*

J. DE HEEM.

No. 117. SUJET DE FANTAISIE.

Peint fur bois, haut de dixhuit, large de vingttrois & demi pouces.

Ce Tableau repréfente une Table couverte d'un tapis vert, fur laquelle on voit un Citron entammé, fur un Plat, une Cruche & un Verre de vin, ornés de feuilles de Vigne. Il eft peint avec intelligence & imitant bien la nature.

HEDA.

118. SUJET SEMBLABLE.

Peint fur bois en 1644, haut de trentedeux, large de quarante pouces.

On voit ici une Table couverte en partie, d'une nappe blanche, fur laquelle un Pâté dans un plat d'argent; de plus une Cruche & une Coupe d'argent avec un Gobelet de vermeil, un Verre, un Citron, du Pain, & d'autres acceffoires. Tableau très-bien peint & imitant de près la nature.

J. VAN DE VELDE.

No. 119. AUTRE SUJET SEMBLABLE.

Peint sur bois en 1658, haut de seize, large de douze & demi pouces.

Ce Tableau offre une Table couverte d'un tapis de velours couleur de pourpre, sur laquelle un Verre de vin, & deux Plats de fruits. Il est très-bien peint & imite fort la nature.

M. ACCAMA.

120. UNE CLEOPATRE MOURANTE.

Peint sur toile, haut de quinze, large de douze pouces.

Elle est représentée à mi-corps & de face, ayant la tête & le bras droit appuyés sur un Coussin. Tableau d'un coloris agréable & terminé.

121. UNE SOPHONISBE.

Peint sur toile, & de même hauteur & largeur que le précédent.

Elle est aussi représentée à mi-corps, vue de face, & tenant de la main droite le poison dans un Gobelet. Tableau qui n'est pas moins bien peint que le précédent.

DE TABLEAUX.

No. 122.   LE PROPRE PORTRAIT DE CE MAITRE.

Peint fur toile, haut de dixneuf & demi, large de quinze & demi pouces.

Ce Peintre a la tête couverte d'un Chapeau, regarde droit devant lui, & fon Corps eft presque vu de profil. Portrait très-bien peint, & terminé.

123.   PORTRAIT DE J. VAN HUYSUM.

Peint fur toile, haut de trente & un, large de quinze & demi pouces.

Ce célebre Artifte eft repréfenté à mi-corps, devant fon Chevalet, derriere une Table de marbre. Sur le Chevalet l'Esquiffe d'un Tableau de fleurs qu'il paroit montrer de la main. Portrait peint comme le précédent.

DE L'ECOLE DE REMBRANDT.

124.   UN PORTRAIT.

Peint fur bois, haut de douze & demi, large de onze pouces.

Ce Perfonnage eft vu de face, il a la tête couverte d'un Chapeau en pain de fucre, un Manteau rouge sur les épaules, & une fraise autour du col. Morceau touché avec esprit & bien peint.

JEAN LIEVENS.

No. 125.   TETE DE FILLE.

Peint sur bois, haut de dixneuf, large de quinze pouces.

Elle est vue de profil avec de longs cheveux, & ayant la tête un peu panchée en avant. Morceau très-bien peint.

H. VAN DER MYN.

126.   PORTRAIT D'HOMME.

Peint sur toile, haut de dixneuf, large de quinze pouces.

Il est vu debout, presque de face, & le corps de profil, avec le bras gauche, dans la main duquel il tient une Canne, appuyé sur un Balustre de pierre. Très-beau Morceau & terminé.

S.

S. DE BRAY.

No. 127. PORTRAIT DE HUGUES GROTIUS.

Peint fur bois, haut de huit, large de fix pouces.

Ce Portrait eft de forme ovale, très-bien peint & terminé.

JANSEN VAN KEULEN.

128. PORTRAIT DE FEMME.

Peint fur cuivre, haut de huit, large de fix pouces.

Elle a la tête un peu de profil & le corps de face, vétue de noir & portant une fraife autour du col. Portrait très-bien peint & de forme ovale.

W. DE BEYER.

129. PORTRAIT D'UN POLONOIS.

Peint fur bois, haut de cinq & demi, large de quatre pouces.

Ce petit Morceau de forme ovale, eft peint & touché avec beaucoup d'esprit, dans le goût de *Rembrandt*.

WEIS-

WEISMAN.

No. 130. LE PORTRAIT DE TOBIE QUERFURT.

Peint fur bois, haut de dixfept & demi, large de quinze pouces.

C'eſt un Buſte environ vu de face, très-bien peint & terminé.

JEAN BYLERT.

131. SUSANNE AVEC LES VIEILLARDS.

Peint fur toile, haut de foixantehuit, large de quatrevingt & un pouces.

La Sçene eſt un Payſage, & les Figures ſont de grandeur naturelle. Tableau bien deſſiné & vigoureuſement peint.

S. VAN HOOCHSTRATEN.

132. LES GABAONITES DEMANDANT LA PAIX A JOSUE.

Peint fur toile, haut de foixantefept, large de quatrevingtdixneuf pouces.

C'eſt une belle & riche Ordonnance de pluſieurs Figures, bien deſſinée & bien peinte.

A.

A. VAN BLOKLAND, ou Montfoord.

No. 133. SUJET TIRE DE LA BIBLE.

Peint fur bois, haut de cinquante & un, large de cinquantedeux pouces.

La S. Vierge eft ici repréfentée en pleurs, avec un livre fur elle, tenant les mains jointes devant fon genou & ayant notre Seigneur à fa gauche. Les caracteres des têtes font admirablement exprimés dans ce Tableau, qui eft d'un beau deffein & bien peint.

CESAR VAN EVERDINGEN.

134. UN FAUNE.

Peint fur bois, haut de trente, large de vingt & un pouces.

Il eft de grandeur naturelle & vu à mi-corps, bien & vigoureufement peint.

CATALOGUE

COELENBIER.

No. 185. VIEUX CHATEAU AU BORD D'UNE RIVIERE.

Peint en 1644, haut de vingtfix & demi, large de quarantequatre & demi pouces.

Dans ce Tableau, qui eft auffi bon que s'il étoit de *van Goojen*, on voit fur le devant un Homme & une Femme affis; fur la Riviere, des Pêcheurs dans un Bateau, & dans le lointain des Bateaux, des Animaux & une Ville. C'eft un beau Morceau & vigoureufement peint.

H. HOLBEEN.

136. UN PETIT PORTRAIT.

Ce petit Portrait eft très-beau dans fon genre, & fort-terminé.

P. BREUGEL.

137. DES PAYSANS QUI DANSSENT.

Haut de douze, large de vingtdeux & demi pouces.

BERNARD GRAAT.

No. 138. UNE MADELAINE POENITENTE & UN SAINT JEAN.

Peint fur toile, haut de vingt, large de dixfept pouces chacun.

Ces deux Tableaux font bien & vigoureufement peints.

VAN INGEN.

139. UN ECCE HOMO.

Peint fur cuivre, haut de onze & demi, large de huit pouces.

On voit notre Seigneur debout, & Pilate derriere lui, &c. Tableau très-terminé & fort beau.

D'UN MAITRE INCONNU.

140. UN ETUDIANT.

Peint fur toile, haut de trente & un, large de trentehuit pouces.

Il eft affis devant une Table, tenant de la main droite un Verre de vin, & de la gauche la pipe qu'il a à la bouche. Sur la Table on voit un Globe, quelques Livres, une Ecritoire, une Cruche à Vin, du Tabak, & du feu dans un petit pot &c. Tableau très-bien peint & de main de Maitre.

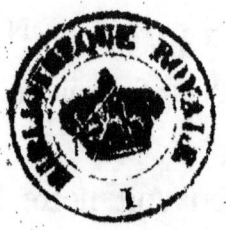

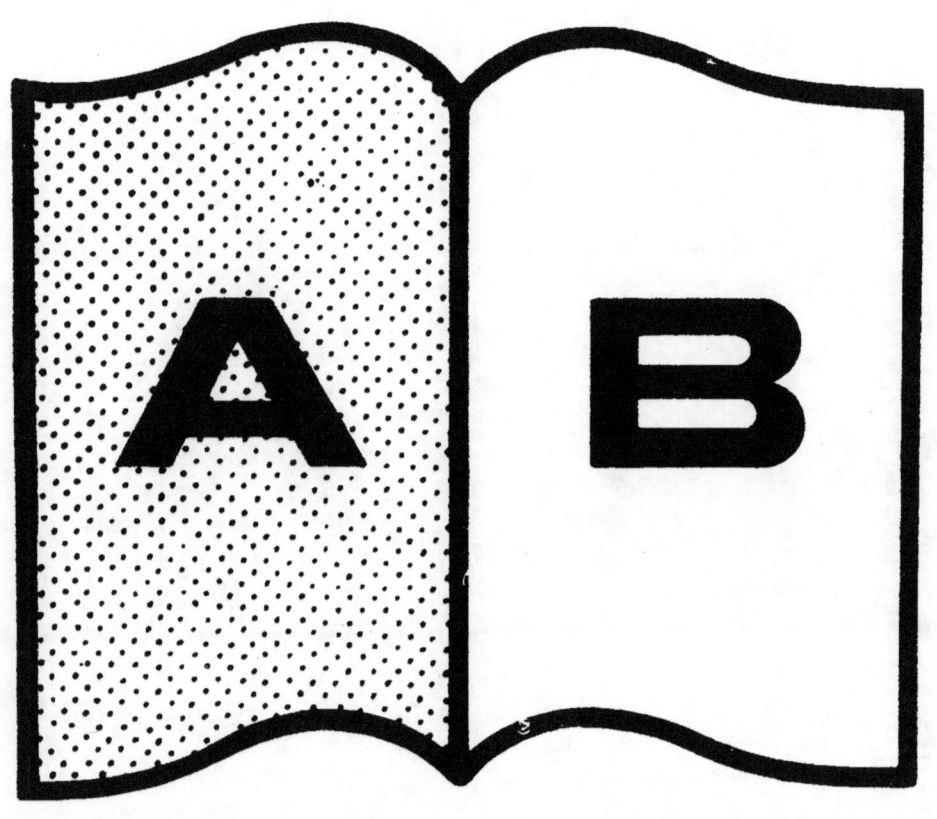

Contraste insuffisant
NF Z 43-120-14

www.ingramcontent.com/pod-product-compliance
Lightning Source LLC
Chambersburg PA
CBHW070210230526
45471CB00002B/912